Ana Maria Cavalaro

Graciosa Mãe

O LIVRO DE JOÃO

Devocionais para Mães de Todas as Idades

EXPEDIENTE

DIREÇÃO EDITORIAL
SINVAL FILHO
ANA MARIA CAVALARO

MARKETING E PRODUTOS
LUCIANA LEITE

CAPA E ILUSTRAÇÕES
WEGLISON CAVALARO

PROJETO GRÁFICO E DIAGRAMAÇÃO
WEGLISON CAVALARO

PREPARAÇÃO E REVISÃO:
DÉBORA BURATO

LION EDITORA
RUA DIONÍSIO DE CAMARGO, 106, CENTRO, OSASCO - SP - CEP 06086-100
CONTATO@LIONEDITORA.COM.BR • (11) 4379-1226 | 4379-1246 | 98747-0121
WWW.LIONEDITORA.COM.BR

COPYRIGHT 2023 POR LION EDITORA
TODOS OS DIREITOS RESERVADOS À LION EDITORA, PROTEGIDOS PELA LEI Nº 9.610 DE 19/02/1998. FICA ESTRITAMENTE VEDADA A REPRODUÇÃO TOTAL OU PARCIAL DESTA OBRA, POR QUAISQUER MEIOS (ELETRÔNICOS, MECÂNICOS, FOTOGRÁFICOS, GRAVAÇÃO E OUTROS), SEM PRÉVIA AUTORIZAÇÃO POR ESCRITO DA EDITORA.

Dados Internacionais de Catalogação na Publicação (CIP)
(eDOC BRASIL, Belo Horizonte/MG)

C376g   Cavalaro, Ana Maria.
               Graciosa Mãe: o livro de João / Ana Maria Cavalaro. – São Paulo, SP: Lion, 2023. – (Graciosa Mãe; v. 1)

               ISBN 978-65-87533-55-1

               1. Bíblia. 2. Literatura devocional. 3. Família – Aspectos cristãos. I. Título.

                                                                                                  CDD 242

Elaborado por Maurício Amormino Júnior – CRB6/2422

Agradecimentos

Primeiramente, desejo expressar minha profunda gratidão a Deus, pois foi Ele quem me inspirou a compartilhar meus devocionais matinais e me guiou de maneira extraordinária através de cada passagem bíblica. Gostaria também de estender meu sincero agradecimento à minha mentora, Lidiane Lisboa, que desempenhou um papel fundamental em minha jornada. Suas eficazes abordagens no estudo da Bíblia me permitiram explorar suas profundezas como nunca antes, especialmente por meio das inspiradoras transmissões do VERDADE PRÁTICA. Por último, mas não menos importante, desejo expressar minha gratidão à querida Débora Burato, uma amiga preciosa que Deus colocou em minha vida. Em diversas ocasiões, ela me motivou a gravar os áudios e, agora, desempenhou um papel crucial na transformação das palavras faladas em textos que permanecerão gravados no coração de cada mãe que tiver a oportunidade de ler este livro.

Olá, eu sou Ana Maria!

Filha amada de Deus! Mulher, esposa, mãe, filha, escritora, neuropsicopedagoga e a mente por trás do Criança Vem com Manual. Quando eu era criança, minha alegria era brincar de escolinha e não raro me encontrava ensinando os vizinhos e primos, em aulas particulares improvisadas. O tempo seguiu seu curso, mas a paixão por ensinar permaneceu gravada no tecido da minha vida.

Trilhei o caminho da pedagogia, aprofundei-me na Psicopedagogia e na Neuropsicopedagogia. Viajei até a Itália, mais precisamente ao Instituto Loris Malaguzzi, para mergulhar no revolucionário método de Reggio Emilia destinado à primeira infância. Enquanto me entregava aos estudos, ao longo de mais de duas décadas, dediquei-me à educação sob várias formas: fui professora, orientadora, coordenadora psicopedagógica, consultora educacional e mergulhei na atuação clínica.

Hoje, minha jornada me coloca como Neuropsicopedagoga, oferecendo minha experiência a escolas e empresas, e guiando famílias como mentora. Minha voz se eleva também como palestrante, tocando temas abrangentes relacionados à criação dos filhos e na capacitação de educadores. Sinto que Deus me convocou para contribuir na construção da próxima geração.

"Ele fará com que os corações dos pais se voltem para seus filhos, e os corações dos filhos para seus pais..."
Malaquias 4:6 - NVI

Criança vem com Manual

Criança Vem com Manual surgiu como um projeto nascido de um sonho que Deus me concedeu no ano de 2019. Nessa visão noturna, Deus me mostrou uma simples folha de papel em branco e compartilhou que as crianças chegam ao mundo como essas folhas, imaculadas e sem marcas. No entanto, muitas delas traziam histórias já escritas, histórias que não foram traçadas por Sua mão. Algumas destas folhas apresentavam "borrões", "manchas" e até "rasgos"... Contudo, Deus estava me capacitando para guiar e preparar os adultos que seriam responsáveis por preencher cada uma dessas "folhas" com suas histórias.

A partir desse sonho, uma urgência inegável começou a pulsar em mim, uma necessidade profunda de compartilhar com as famílias tudo o que Deus nos revela através de Sua Palavra. Assim, dei vida a um canal no YouTube e no Instagram, nomeando-o de CRIANÇA VEM COM MANUAL. Nas páginas da Bíblia, encontrei as respostas para todas as necessidades que envolvem a jornada da criança.

Unindo o conhecimento que adquiri na neurociência com os princípios bíblicos, Deus tem me fortalecido a cada dia, capacitando-me para instruir as famílias sobre como cultivar em seus filhos Princípios e Valores. Isso não apenas fortalece os laços familiares, mas também auxilia os pais a abraçar sua missão com maior serenidade e eficácia.

Introdução	11
01. O Vérbo - João 1.1-18	14
02. Sem Fingimento - João 1.43-50	16
03. Uma mãe que conhece o filho, sabe a hora de torna-lo autoridade - João 2.1-12	18
04. Posso abrir meu coração? - João 2.13-25	20
05. Para que? - João 3.1-21	22
06. O Espírito está disponível - João 3.22-36	24
07. Ele atende ao necessitado - João 4.1-26	26
08. Minha comida é fazer a vontade d'Aquele que me enviou, disse Jesus. - João 4.27-38	28
09. Poço ou Fonte? - João 4.39-42	30
10. Leve seu filho a Cristo - João 4.43-54	32
11. Jesus, o maior movimento da Terra - João 5.1-15	34
12. Pais exemplares - João 5.16-30	36
13. Aprender, crer e praticar - João 5.31-47	38
14. Qual o tamanho da sua fome? - João 6.1-15	40
15. Medo x Amor - João 6.16-21	42
16. Fome de Deus ou de pão? - João 6.22-59	44
17. Espírito e Vida! - João 6.60-71	46
18. De onde vem o que sabemos? - João 7.1-19	48
19. O reto juízo! - João 7.20-44	50
20. Palavras que limitam - João 7.45-53	52
21. Sem acusações - João 8.1-11	54
22. Quem é você? - João 8.12-30	56
23. Verdade que liberta - João 8.31-47	58
24. Quem sabe quem é, honra e obedece o Pai - João 8.48-59	62
25. A missão não muda - João 9.1-12	64

Sumário

26. O certo será sempre certo - João 9.13-34		66
27. Cegueira espiritual - João 9.35-41		68
28. Ouvindo o pastor - João 10.1-21		70
29. Experientes ou Incrédulas - João 10.22-42		72
30. Quem anda na luz não tem medo de tropeçar - João 11.1-16		74
31. Linguagem diferente, comunicação única - João 11.17-37		76
32. Um milagre, duas lições - João 11.38 - 12.11		78
33. Atos ou Palavras - João 12.12-19		80
34. Luz para o Caminho - João 12.20-26		82
35. Medo de opniões? - João 12.36-50		84
36. A bacia e a toalha - João 13.1-17		86
37. Conhecidos por Ele - João 13.18-30		88
38. Um novo mandamento - João 13.31-38		90
39. Creia! - João 14.1-14		92
40. Conselheiro bem presente - João 14.15-31		93
41. A videira verdadeira e nós, seus ramos - João 15.1-17		94
42. Perseguidas, mas não atemorizadas - João 15.18 - 16.4		96
43. Tenha bom animo, Ele venceu! - João 16.5-33		98
44. Santificadas - João 17		100
45. Traição? E agora? - João 18.1-18		102
46. Seus filhos sabem quem são? - João 18.15-27		104
47. Jesus é o centro! - João 18.28-40		106
48. Vida que agrada a Deus - João 19.1-16		108
49. Pressões externas - João 19.17-37		110
50. Medo que paralisa - João 19.38-42		112
51. Aquiete e perceba - João 20.1-18		114
52. Jesus chega e traz paz - João 20.19-31		116
53. Ele preparou uma mesa para nós - João 21.1-14		118
54. Deus te ama apesar do que você faz! - João 21.15-25		120

Introdução

Preciso admitir que cultivar uma rotina de devocional e leitura da Palavra não foi uma estrada simples para mim. Minha jornada atravessou diversas fases ao longo da vida:

- A etapa de ignorância, quando não tinha conhecimento do que era um devocional e nem como realizá-lo;
- A fase em que o tempo parecia escasso para tudo, inclusive para a oração e a leitura da Bíblia;
- Os momentos de exaustão, quando seguia uma espécie de "agenda" e lia a Bíblia, mesmo que fosse apenas um capítulo por dia, buscando uma consciência mais tranquila;
- A fase de cumprir regras, seguindo planos de leitura e participando de concursos apenas para provar aos outros que eu era uma cristã exemplar;
- A fase de fidelidade, em que me engajava em leituras orientadas pelos meus líderes, porque sentia a necessidade de ser um exemplo.

Contudo, o que percebi é que ao buscar fórmulas mágicas para ler a Bíblia ou ao encontrar desculpas para justificar a falta de tempo para um devocional, eu estava me distanciando cada vez mais de Deus. Passava por essas etapas, sem perceber que estava desperdiçando um tempo valioso, sem compreender o poder que a Bíblia possui para nos conectar com nosso Criador e enriquecer nosso relacionamento com o Pai.

O que me fez mudar? Disciplina e constância! Como neuropsicopedagoga, sabia exatamente o que precisava fazer para desenvolver o hábito: praticar todos os dias. No entanto, também compreendi que precisava de um "ancoradouro" para não desistir no meio do caminho. Assim, usando o entendimento sobre o funcionamento do meu próprio cérebro, em outubro de 2019, comecei esta jornada de consistência e disciplina na leitura da Bíblia.

A âncora que escolhi foi um compromisso público. Diariamente, compartilhava no meu canal do Telegram o que havia aprendido por meio da leitura da Palavra, gravando áudios nos quais partilhava o que Deus havia me revelado. Com isso, comecei a receber mensagens de várias mulheres que encontraram inspiração nos áudios. Algumas aderiram ao hábito junto comigo e até a abençoada Débora, que solicitou permissão para compartilhar os áudios em seu programa de rádio diário "Hora D".

Por isso, o que você tem agora em suas mãos é o resultado de obediência e relacionamento com o Pai. Aqui, você não encontrará doutrina teológica estrita; talvez até se depare com afirmações que contradigam suas próprias crenças. Isso ocorre porque este é o MEU entendimento do texto bíblico, algo pessoal que escrevi enquanto meditava na Palavra. É por isso que, no início de cada texto, apresento a citação bíblica com o livro, capítulo e versículo que serviram de base para minhas reflexões. Encorajo você a ler o trecho correspondente em sua própria Bíblia antes de mergulhar na minha interpretação.

*Meu desejo é que esta leitura lhe abençoe
tanto quanto me abençoou.*

Graciosa Mãe

Dentro do livro "Graciosa Mãe", você encontrará algo especial: o Spotify Code. Ao ter o aplicativo do Spotify aberto, simplesmente toque no ícone da câmera (normalmente localizado perto da barra de pesquisa), direcione seu smartphone para o código e o aplicativo irá instantaneamente reconhecê-lo, conduzindo-o diretamente para o conteúdo associado ao livro. É uma maneira única e acessível de desbloquear uma experiência sonora que complementa o livro.

01

O verbo

João 1.1-18

Começaremos nosso devocional pelo evangelho de João, e logo no início do capítulo ele fala sobre "o verbo". No início era "o verbo", era "a palavra" e "o verbo estava com Deus e o verbo era Deus". E todas essas referências à palavra existem porque Deus criou o mundo, com suas palavras. Nós fomos criados com as palavras de Deus.

E isso me faz refletir quanto nossas palavras tem poder, e tudo o que dissermos estaremos atraindo para nós e o que dissermos aos nossos filhos, estaremos atraindo para eles então, este é o momento de refletir o que tem saído da sua boca.

Se lembrarmos do final de 2019, muitas pessoas clamando por um novo ano e dizendo inclusive que não havia como ter um ano pior. Olhe agora para o ano de 2020, início da pandemia e tudo que vivemos neste período, até os dias de hoje.

Através desta breve reflexão, eu gostaria de te convidar para fazer um exercício e verificar se as muitas coisas que você tem vivido hoje não são frutos de palavras que você mesma proferiu. Eu quero deixar esta mensagem para você.

Pense em tudo o que você vai falar para os seus filhos, todos os dias e comece a proferir palavras de bençãos. Seu filho está desobediente, ou não está te dando tranquilidade? Não declare isso como verdade, mas comece a profetizar palavras de vida.

- Quanta energia meus filhos tem!
- Ele é muito abençoado!
- Como meu filho é saudável!

Comece a dizer palavras assim e eu tenho certeza que a sua vida será transformada.

Porque o que comunicamos,
atraímos para nós.

02

Que sejamos verdadeiras, em todo o tempo, sem fingimento ou falsidade, como agrada ao nosso Senhor Jesus.

Sem Fingimentos

João 1.43-50

Estamos ainda no capítulo 1 do Evangelho de João e eu te aconselho a ler este livro. O evangelho de João é um livro fantástico, tanto para quem quer começar a ler a Bíblia quanto para quem quer modelar Jesus.

Eu amo este livro e te incentivo a ler também. No verso 47 deste 1º capítulo, Jesus está selecionando seus discípulos e então, Ele encontra Natanael e diz: Eis aqui um verdadeiro israelita, em quem não há fingimento algum. Em algumas versões encontraremos a palavra falsidade.

E eu me pego pensando se Jesus me encontrasse, como Ele se referiria a mim? "Eis aqui uma maringaense (Sou nascida em Maringá-PR) em quem não há falsidade". Será que seriam essas as palavras d'Ele a meu respeito?

Dessa forma, quero te convidar para refletir sobre a forma como devemos nos apresentar ao Senhor e àqueles que nos cercam. Sem fingimento ou falsidade!!

O que acontece é que nós, mães, muitas vezes nos vemos sobrecarregadas e, um dos motivos para nos sentirmos assim é justamente a falta com a verdade para conosco mesmas.

Tapar o sol com a peneira, fingir que está tudo bem, ou que não temos problemas, são apenas formas de esconder como estamos e é aí que a sobrecarga vem. Como não conseguimos expressar aquilo que estamos passando, vivemos uma mentira, e isso nos impede de desfrutar de uma vida leve, com dias mais tranquilos ao lado dos nossos.

É preciso abrir o coração com nosso cônjuge, dizer o que tem nos desagradado de forma a resolver. Dizer como nos sentimos dá aos outros a chance de corrigir seus erros conosco também. Se, de repente, algum comportamento dos nossos filhos está nos irritando, precisamos chegar até eles e expor a verdade. Dizer quais são as nossas expectativas e o que sentimos quando agem de forma oposta ao que é certo.

Eu sugiro que você tenha um tempo de conversa franca. Rasgue o coração e mostre, de fato, como você se sente.

03

Uma mãe que conhece o filho, sabe a hora de torná-lo autoridade

João 2.1-12

Esta é a passagem onde vemos o 1º milagre de Jesus, quando Ele transforma água em vinho no casamento e se torna o melhor vinho. E sempre dizemos que Jesus nunca pode faltar num lar, Ele é o vinho. Para que possamos ter sempre paz, amor, companheirismo. Mas enquanto eu lia, o verso 4 me chama muito a atenção. Foi Maria, a mãe de Jesus, que agiu quando o vinho acabou e foi até Jesus para dizer isso a Ele. E Jesus responde a ela que a sua hora ainda não tinha chegado. Foi então que ela deu ordens aos serventes para que fizessem tudo que Jesus mandasse.

Maria conhecia tanto seu filho que podia descansar no que Ele orientasse que fosse feito pois sabia que seria o melhor para todos. Além disso, quando deu orientações para que fizessem tudo que Ele mandasse, ela estava legitimando o trabalho, e dando autoridade para eu o filho pudesse agir diante de outras pessoas.

A minha pergunta hoje é: Como você tem agido? Você realmente sabe tudo o que seu filho é capaz de fazer? E uma vez que você sabe de suas capacidades, você tem validado o trabalho dele?
Quantas vezes a gente não deixa nosso filho se servir com o prato do almoço porque não acreditamos que ele possa fazer isso sozinho e acabamos tirando dele a autonomia e não legitimamos o que ele tem aprendido.

Que essa palavra possa fazer diferença na sua vida e que seja um ponto importante da sua reflexão hoje.

*Eu tenho conhecido o meu filho profundamente
e o legitimado perante a casa e as outras pessoas?
Eu tenho validado e dado autonomia e autoridade
para fazer o que ele sabe fazer?*

04

Posso abrir meu coração?

João 2.13-25

Esta é a passagem onde vemos o 1º milagre de Jesus, quando Ele transforma água em vinho no casamento e se torna o melhor vinho. E sempre dizemos que Jesus nunca pode faltar num lar, Ele é o vinho. Para que possamos ter sempre paz, amor, companheirismo.

Mas enquanto eu lia, o verso 4 me chama muito a atenção.Foi Maria, a mãe de Jesus, que agiu quando o vinho acabou e foi até Jesus para dizer isso a Ele. E Jesus responde a ela que a sua hora ainda não tinha chegado.

Foi então que ela deu ordens aos serventes para que fizessem tudo que Jesus mandasse. Maria conhecia tanto seu filho que podia descansar no que Ele orientasse que fosse feito pois sabia que seria o melhor para todos. Além disso, quando deu orientações para que fizessem tudo que Ele mandasse, ela estava legitimando o trabalho, e dando autoridade para eu o filho pudesse agir diante de outras pessoas.

A minha pergunta hoje é: Como você tem agido? Você realmente sabe tudo o que seu filho é capaz de fazer? E uma vez que você sabe de suas capacidades, você tem validado o trabalho dele?

Quantas vezes a gente não deixa nosso filho se servir com o prato do almoço porque não acreditamos que ele possa fazer isso sozinho e acabamos tirando dele a autonomia e não legitimamos o que ele tem aprendido.

Que essa palavra possa fazer diferença na sua vida e que seja um ponto importante da sua reflexão hoje.

*Eu tenho conhecido o meu filho profundamente
e o legitimado perante a casa e as outras pessoas?
Eu tenho validado e dado autonomia e autoridade
para fazer o que ele sabe fazer?*

05

Para que?

João 3.1-21

"Porque Deus tanto amou o mundo que deu o seu Filho Unigênito, para que todo o que nele crer não pereça, mas tenha a vida eterna. João 3:16

Este versículo revela o propósito de Deus e foi por meio dele que eu consegui entender: Para que Deus me trouxe para esta vida. Para refletirmos durante este dia, eu quero te propor uma pequena tarefa.

Leia e medite neste versículo e pergunte para Deus para que Ele te chamou. E o "para que" fomos chamados é o nosso propósito e tem que trazer uma contribuição ao mundo e um impacto para todos que nos conhecerem.

Jesus contribuiu dando a vida pela nossa salvação e o impacto é que todo aquele que crer em n'Ele não vai perecer, mas terá a vida Eterna.

*Pense hoje, qual a sua contribuição
e que impacto sua vida tem em sua casa,
em sua família. Comece essa reflexão
pensando nos seus.*

06

O Espírito está disponível

João 3.22-36

No verso 30, o autor escreve o versículo muito conhecido "É necessário que Ele cresça e que eu diminua" e no verso 34 ele ainda diz assim "Porque aquele que Deus enviou fala as palavras de Deus porque Ele dá o Espirito sem limitações", ou seja, o Espírito Santo.

Essa passagem me fez refletir que muitas vezes nós brigamos com nossos filhos porque estamos "maiores" do que Aquele que habita em nós. Muitas vezes não conseguimos ter domínio próprio e isso nos impede de acalmar o nosso coração, não conseguimos refletir se aquilo que nosso filho fez foi realmente uma desobediência ou se foi simplesmente uma criancice, fruto de algo que ele ainda não sabia que era para ser feito.

E aí, nossas palavras são duras e, sendo habitação do Espírito, precisamos proferir palavras que edificam nossos filhos.

Mais uma vez quero perguntar a mim mesma hoje: que tipo de palavras tenho dito aos meus filhos? Palavras de benção ou de maldição?

Pois há poder em nossas palavras então, que hoje, possamos escolher palavras de benção para profetizar sobre os nossos filhos e, se durante o dia vier a irritação e a ira tentar dominar seu coração, vá para o secreto e fale com o Pai para que Ele possa abençoar e guiar as suas palavras.

Que o Senhor seja visto em nós e através de nossas palavras pois não recebemos o Espírito de forma limitada mas Ele está disponível e deseja ser nosso professor e nosso guia em nossas vidas e em tudo o que fizermos.

Que palavras vou escolher hoje?
Palavras de Benção ou de Maldição

07

Ele atende ao necessitado

João 4.1-26

O que Deus trouxe ao meu coração hoje, após essa leitura foi a seguinte pergunta: "Qual a sua maior necessidade hoje?"

Jesus havia tido uma conversa com uma mulher, na beira do poço e Ele sabia o que ela precisava. Ele conhecia suas necessidades, inclusive a vida que ela levava, mas Ele se colocou disposto a responder e realizar.

Ela tinha necessidade de água ao ir ao poço, mas no fundo ela buscava por respostas, e a própria resposta se apresentou a ela. A fonte de todas as respostas. Jesus!

Eu gostaria que você fizesse esse exercício hoje e sendo bem específico com Jesus. Diga a Ele o que você precisa. Precisa de paz, de amor, provisão financeira, comunhão.

Deus é aquele que supre todas as nossas necessidades e pode nos dar a resposta e o suprimento que mais precisamos. Mas lembre-se de ser clara com seus pedidos pois Jesus sempre perguntava: o que queres que lhe faça?

Essa é a pergunta do Senhor para nós hoje. Seja verdadeira, transparente com o Pai. Ele conhece seu coração e sabe o que vai no mais profundo do seu ser.

08

Minha comida é fazer a vontade d'Aquele que me enviou, disse Jesus.

João 4.27-38

Continuando o trecho do encontro de Jesus com a mulher samaritana, percebemos que ela tinha uma necessidade (tirar água no poço), mas deixou tudo de lado após conhecer Aquele que era a verdadeira resposta que ela buscava.

"Deixou, pois, a mulher o seu cântaro, e foi à cidade, e disse àqueles homens: Vinde, vede um homem que me disse tudo quanto tenho feito", João 4:28,29

Tendo sido respondida, a mulher largou tudo e foi cumprir o seu propósito que à partir daquele momento foi descoberto. Ela precisava contar a todos sobre aquele homem que lhe disse tudo o que ela buscava saber.

Eu não sei qual é a sua maior necessidade, mas o que Deus me trouxe nesta leitura de hoje é fazer a vontade do meu Pai.

No verso 34 os discípulos tinham ido buscar comida enquanto Jesus conversava com a mulher e quando voltaram com os suprimentos Jesus lhes disse que a comida que Ele tinha, os discípulos não conheciam. "A minha comida é fazer a vontade daquele que me enviou, e realizar a sua obra".

Então, que possamos viver uma vida com foco em fazer a vontade do Pai e naquilo que Ele deseja para as nossas vidas.

Que busquemos, sim, a resposta
para as nossas necessidades no Senhor,
mas não vivamos por necessidades e sim,
para o cumprimento do nosso propósito
nesta terra.

09

Poço ou Fonte?

João 4.39-42

Ainda na história da mulher samaritana, a bíblia conta que muitos samaritanos creram por conta do testemunho daquela mulher e o relato deste trecho diz que muitos outros diziam não crerem somente pelo que ela falava, mas porque eles mesmos o ouviram e testificaram que Jesus era o salvador.

A mulher estava no poço, e o poço simbolizava uma necessidade dela. Ao contar a notícia sobre Jesus, ela não levou aquelas pessoas ao poço, mas as levou à fonte, a Fonte de Água Viva. Tanto que eles mesmos tiveram experiências que confirmavam quem Jesus era. Não somente pelo testemunho da mulher, mas por seus próprios testemunhos.

O que nós temos feito em nossas casas? Estamos levando nossos filhos e cônjuges para o poço ou para a fonte? Será que estamos levando nossos filhos para o poço quando gritamos com eles? Ou será que os temos levado à fonte? Orando com eles, ensinando, orientando e buscando as respostas no Senhor?
Leve seus filhos para a fonte!

Crie um padrão e antes de simplesmente reagir ao mau comportamento, pense onde suas palavras levarão aqueles que contam com você e com seu propósito para conhecerem a Cristo.

10

Leve seu filho a Cristo

João 4.43-54

Nesta passagem, um homem foi até Jesus pois seu filho estava doente e ele, ao voltar para casa constata que seu filho havia sido curado pela palavra de Jesus, no exato instante em que buscava por socorro no Senhor.

O que Deus trouxe ao meu coração é que existem muitas famílias cujos filhos estão doentes e aqui, eu não falo de doenças físicas, mas doenças emocionais, falo de uma doença existencial que provoca conflitos e dúvidas, inclusive impedindo nossos filhos de conhecerem sua verdadeira identidade.

Tantas vezes não conseguimos comunicar o que nosso filho é, e o que ele representa para nós. E isso acaba por adoecer ainda mais a vida emocional deles.

Mas hoje, precisamos ir até Jesus, clamar por cura para todas as enfermidades que estejam se manifestando em nossos filhos.

Falávamos há alguns dias que é preciso ir até Jesus e clamar por solução das nossas necessidades. Hoje eu te convido a entregar seus filhos a Ele e apresenta-los ao senhorio de Cristo pois, apenas uma palavra e uma ordem do nosso Senhor, curam todas as enfermidades.

Que neste dia o Senhor nos encha de sabedoria e entendimento para conduzirmos nossos filhos ao Senhor, em fé, na obra perfeita de Cristo por nós.

# 11

Jesus, o maior movimento da Terra

João 5.1-15

    Esse trecho conta a história do paralítico que estava próximo ao tanque de Betesda e algo me chamou atenção neste texto: Jesus quando chega perto do homem (que estava ali para ser curado durante o movimento das águas, feito pelos anjos de Deus e quem estivesse nas águas nesse momento recebia cura), e pergunta a ele se ele queria ser curado.

Interessante é notar nesse trecho que, ao invés de responder sim ou não, o homem começa a descrever todas as dificuldades que faziam com que ele ficasse do lado de fora do tanque: eu tenho 38 anos, não tenho ninguém que me ajude a entrar no tanque quando a água é agitada. A resposta esperada por Jesus era: - sim, eu quero!

Mas nesse momento percebemos que a dor maior naquele momento, não era sua dificuldade causada pela paralisia e sim a dor de estar sozinho.

E, talvez hoje você esteja se sentindo sozinha na criação de seus filhos, talvez se sinta sem direção para levar seus filhos, talvez sobrecarregada, cansada, esperando alguém que te ajude a resolver suas questões.

Mas quero te ajudar a entender que Jesus foi o maior movimento desta Terra então, hoje, quero te incentivar para levar até Ele a sua dor, e passe a analisar os seus relacionamentos. O que tem te impedido de delegar? Porque é tão difícil pedir ajuda, tantas vezes?

Que o Senhor te dê novo ânimo nesta manhã e você tenha a certeza de que Ele está com você em todo o tempo.

12

Pais exemplares

João 5.16-30

Neste texto, quero destacar o versículo 19 que diz: Jesus lhes deu esta resposta: "Eu lhes digo verdadeiramente que o Filho não pode fazer nada de si mesmo; só pode fazer o que vê o Pai fazer, porque o que o Pai faz o Filho também faz."

O maior ensinamento que o Senhor me deu com esta leitura é sobre o ensino e exemplo que precisamos ser para os nossos filhos. Muitas vezes estamos cobrando deles um comportamento que nós não estamos exercendo.

Às vezes, não demonstramos e não entendemos

porque os maus comportamentos tem acontecido. Em muitos casos o que acontece é que apenas falamos e não mostramos como realizar as atividades ou até mesmo os comportamentos que esperamos que eles tenham em relação a nós.

E a criança, necessita de exemplos para aprender e até nós fazemos isso, que dirá eles.

Que essa seja a reflexão do nosso dia.

- O que eu quero que meu filho faça, eu mostrei antes como deve ser feito?

- Eu ensinei com exemplos a forma como eu quero que seja executado?

- Em relação ao comportamento, será que tenho demonstrado qual o comportamento esperado?

Tenho certeza que tendo isso
em mente, tudo será diferente por aí.
Vivam um dia abençoado!!

13

Aprender, crer e praticar

João 5.31-47

Jesus está falando com os religiosos e, em determinado momento, Ele diz que eles leem as escrituras e ficam focados nisso, mas não creem naquilo que leem. E quando não cremos, não praticamos e sem praticar, não teremos resultados.

Acredito que você veio até mim com um objetivo claro de buscar transformação na criação dos seus filhos, e para obter resultados diferentes do que tem vivido até hoje.

Mas, o que você tem aprendido e não tem praticado? Pode ser que a falta de prática só acontece porque você não crê que pode dar certo aí na sua casa.

Então hoje, eu quero deixar algo prático para a sua vida: escolha algo específico. Uma técnica, uma das coisas que você tenha aprendido comigo. Reveja um conhecimento, acredite nele e na sequência, coloque em prática.

Você pode me enviar seu depoimento para contar como foi? Me diz se você teve ou não resultado. Para te ajudar a realizar este exercício lembre-se:

1º Para que os resultados cheguem temos que saber o que é o que precisa ser feito, e como fazer.

2º Precisamos crer que, se fizermos dará certo

3º Hora de raticar e viver os resultados do que praticamos.

14

Qual o tamanho da sua fome?

João 6.1-15

Na leitura de hoje, duas coisas me chamaram a atenção nesta passagem pois, é a parte que encontramos a primeira multiplicação dos pães e, a primeira das informações que encontramos é a de que quando eles distribuíram os pães, foi dado tanto quanto eles queriam. O segundo ponto de atenção está no verso 12 e diz que, depois que receberam o suficiente, Jesus ordenou que fossem recolhidas as sobras para que não houvesse desperdício.

As minhas questões para você hoje são:

- O que hoje, na sua vida, tem sido um desperdício?

Será que tem sido o tempo? Muitas vezes passamos tanto tempo nas redes sociais ou até dormindo (apesar de eu achar que mãe não se encaixa muito nesse perfil de ficar dormindo, né). Enfim, o que tem sido um desperdício na sua vida que tem te impedido de chegar onde deseja?

- O segundo ponto é, o "tanto quanto". Será que você sabe exatamente quanto você quer? Muitas vezes pedimos pouco e receberemos pouco. Quanto você deseja alcançar de mudanças no seu relacionamento com seus filhos?

A tarefa de hoje é pegar um caderno, um bloco de notas ou uma folha (mas algo que não vai se perder e que possa consulta-la em outro momento). Faça uma lista de todas as coisas que você deseja para a vida dos seus filhos durante este novo ano. Quais os comportamentos que você deseja que eles modifiquem. O que você espera mudar este ano? Que habilidade você deseja que eles adquiram e passem a praticar?

Feita a lista, apresente-a e entregue-a para Deus. E peça a Ele que te dê Graça e Sabedoria para poder treinar essas mudanças, comportamentos e habilidades em seus filhos.

Depois, foque em um ponto de cada vez e comece aos poucos a trazer a transformação para dentro de seu lar. Não tenha pressa! Ande um passo de cada vez!

Mas não esqueça de apresentar ao Senhor os seus desejos e permitir que Ele te conduza nesse processo de transformação.

15

Medo X Amor

João 6.16-21

  Esta passagem, muito conhecida por todas nós, é de quando Jesus anda sobre as águas. E muitas vezes já falamos e pensamos sobre isso, que no meio da tempestade é preciso convidar Jesus para dentro do nosso barco.

  Porém, a reflexão de hoje, para mim, foi nova e diferente de tudo que já havia pensado sobre esse assunto. Quando estamos no meio da tempestade, não conseguimos reconhecer Jesus caminhando perto do nosso barco. A bíblia diz, inclusive, em algumas versões, que os discípulos ficaram aterrorizados. Eles haviam visto um vulto, pensaram que era um fantasma. Estavam com medo.

  E quando eles reconhecem Jesus, colocam o Senhor para dentro do barco e O receberam com grande alegria. Na criação de filhos, muitas vezes, nos sentimos em meio a tempestades, sem saber para onde ir. Não conseguimos nem ver o que está mais à frente de nós.

Porém, se renovarmos a nossa mente e entregarmos nosso medo e nossa preocupação para Deus, nós vamos reconhecer Jesus no meio da tempestade e seremos guiadas pelo Espírito Santo para onde devemos ir.

A tarefa de hoje é: adote um caderno de preocupações à partir de hoje e anote qual a sua maior preocupação em relação à criação de seus filhos. Anote e entregue para Jesus.

Todas as vezes que esse medo voltar diga para si mesma: - Eu estou aguardando uma resposta do Senhor e eu confio que Ele está comigo. Ele vai mostrar para onde ir. Diga isso até que Ele responda, e Ele vai responder. E quando perdemos o medo, o amor inunda nosso coração.

O amor lança fora todo o medo.
E pais que tem mais amor, tem mais
tranquilidade para agir e fazer aquilo
que precisa ser feito.

16

Fome de Deus ou de pão?

João 6.22-59

Nesse trecho, aquelas pessoas que foram alimentadas durante a multiplicação queriam tornar Jesus o seu rei. E nesse momento, Jesus se retirou de perto deles.

E essa passagem fala de quando essas pessoas descobriram onde Jesus estava e foram até Ele. E Jesus se refere a estas pessoas como quem estava se movendo, não pelos sinais e maravilhas, nem pelos ensinamentos, mas pelo pão que tinham acabado de ver se multiplicar para alimentar milhares de homens e mulheres.

Eles estavam querendo ser saciados e viram em Jesus uma maneira terem suas necessidades resolvidas.

O que veio ao meu coração é que muitas vezes não temos ensinado nossos filhos a se moverem pelo relacionamento com Deus e sim por suas necessidades.

Quantas vezes ensinamos nossos filhos a terem um relacionamento com o Senhor para ter todas as suas questões resolvidas? Dizemos muitas vezes que quem tem Deus como Senhor, vive abençoado, tem todas as coisas que precisa. Mas, esse não é o tipo de relacionamento que Jesus deseja ter conosco.

O que temos ensinado aos nossos filhos? A buscarem um relacionamento com Deus para conhece-Lo como Ele é ou para ter suas necessidades supridas?

Quem se move por necessidade vive no deserto, comendo apenas o maná de cada dia.

Reflita sobre isso, hoje.

17

Espírito e Vida!

João 6.60-71

As palavras de Jesus são Espírito e Vida. Ele disse isso. Como seguidoras de Jesus, nossas palavras precisam ser de Espírito e Vida. A pergunta de hoje é:

Quais tem sido as palavras que temos falado aos nossos filhos? Já falamos sobre isso antes, mas creio que Jesus tem tratado nossa maneira de nos comunicar com nossos filhos.

Será que nossas palavras tem trazido vida? Sabemos que há poder em nossas palavras e se, quando o filho erra eu digo:
- Você não faz nada direito! Derrubou de novo! Não dá para confiar em você!
Isso é vida ou morte? Ânimo ou desânimo?

O Espírito Santo é nosso consolador, mas será que temos sido consolo para os nossos filhos ou apenas punição e desânimo? Nossas palavras são amáveis, há consolo e conforto em nossas palavras para os nossos filhos ou não?

Você pode até me questionar se agora não poderemos mais confrontar, e a resposta será sempre, sim, você deve!!

A diferença está na forma como nos comunicamos e como dizemos o que precisamos dizer. Ao invés de dizer que o filho não faz nada direito, escolha trocar as palavras e pergunte se você pode ajudá-lo naquela questão. "Posso te ajudar, meu amor?" "Deixe eu te mostrar um jeito melhor de fazer isso"...

Acolher é demonstrar amor e compreensão com o momento de aprendizado onde eles já têm muitos desafios a superar.

Então, a reflexão de hoje é uma avaliação do que temos escolhido colocar na vida dos nossos filhos. Amor, consolo, compreensão, vida ou desânimo e morte?

18

De onde vem o que sabemos?

João 7.1-19

Jesus já havia feito um milagre no sábado e passou a ser perseguido. As pessoas ficavam indagando sobre o que Ele estava fazendo. E, no meio da festa dos tabernáculos, Jesus subiu ao templo e ensinava.

Muitos se questionavam de como Ele poderia saber todas aquelas coisas pois não era um estudioso. E Jesus diz então no verso 16 que, o ensino não era dele mesmo, mas do Pai que O enviou e se alguém quisesse fazer a vontade de Deus, descobriria se o que Ele falava era de si mesmo ou vinha da parte de Deus.

Quantas vezes nos sentimos péssimas mães. Nos sentimos péssimas esposas, péssimas mulheres. Olhamos sempre a grama do vizinho.

Mas precisamos entender que nosso ensino não vem de nós mesmas, mas de Deus.

O que você tem ensinado para os seus filhos. Talvez você não esteja se sentindo capaz. Talvez triste e desanimada. Hoje, tenho uma palavra de esperança para você.

Tudo aquilo que você precisa para ensinar aos seus filhos está aqui no manual, a Bíblia. Busque a Deus. Busque n'Ele, a fonte! Busque pessoas confiáveis que são de Deus para te ajudar nessa caminhada.

Nós podemos seguir muitas pessoas para nos ensinar, entretanto, Ele nos deu o melhor ensino e tudo o que precisamos para ensinar nossos filhos a viverem conforme a vontade de Deus.

Para tanto, quero te dar 3 direções hoje:

- Decida se desprender do passado e comece a fazer!

- Desprenda-se do futuro pensando no que pode acontecer.

- Viva o hoje! O Tempo de Deus para você é o hoje!! Você só tem isso nas mãos. Faça o que estiver ao seu alcance.

19

O reto juízo!

João 7.20-44

No verso 24 deste capítulo, há uma orientação para não julgarmos pela aparência, mas sim que devemos fazer julgamentos justos, segundo o reto juízo. Essa foi uma orientação de Jesus para aquele povo, mas que se aplica aos nossos dias, sem sombra de dúvida.

A pergunta que queimou em meu coração foi: - Mas e nós, pais, que somos tantas vezes campeões em julgar? Como será que nós temos nos portado diante dessa orientação de Jesus?

Achamos que o filho não tem condição, que não está preparado para fazer algo, ou julgamos suas atitudes e somente, impomos nossas opiniões e críticas.

Será que esses são os julgamentos justos para com os nossos filhos? Será que temos parado para avaliar e conversar com nossos filhos sobre o tipo de comportamento que temos tido para com eles?

Será que temos sempre que emitir nossa opinião sobre algo que ele fez, ou não fez. Lembrar que eles precisam viver as próprias experiências e nosso papel não é julgar, mas direcionar para que tomem as decisões corretas mediante aquilo que temos ensinado.

Palavras que limitam

João 7.45-53

Os fariseus conversavam sobre o que Jesus havia dito, inclusive foi por isso que Ele ensinou sobre os julgamentos, anteriormente. E eles se perguntavam se Ele era mesmo o Cristo, mas o modo como eles falavam era muito agressivo.

No versículo 48 questionaram se havia alguma autoridade ou algum fariseu que havia crido em Jesus e no verso 49 eles chamam de "ralé" e "maldita".

Uma comunicação que inferioriza, que limita as outras pessoas. E em nossa vida, será que nossa maneira de agir ou até falar, pode também estar limitando nossos filhos de viverem experiências únicas que vão formar memórias e até ensinamentos para suas vidas?

Eu mesma, me lembro de uma vez que meu filho me pediu para mexer na farinha e eu não deixei porque pensei na bagunça e na sujeira que aquilo poderia causar. O impedi de vivenciar uma experiência por causa do meu conhecimento no resultado que aquilo poderia trazer.

E quantas de nós, temos limitado nossos filhos de viverem experiências diferentes, também?
Não quero, com isso, incentivar que devamos deixá-los se colocarem em perigo para viver experiências diferentes, mas, é possível ensiná-los sem limitá-los, e dar a eles a oportunidade de experimentar coisas novas.

Advertir sobre perigos, garantir a segurança, mas não limitar. É preciso ter uma linguagem mais parecida com a de Cristo. A linguagem que todos identificavam como diferente, pois ninguém falava como Ele.

Precisamos deixar a linguagem de fariseus para trás. Evitar de julgar nossos filhos a partir daquilo que nós acreditamos e conhecemos, fazer mais perguntas, permitir que eles vivam experiências únicas e ensinar que haverá sim e não, mas estando seguros no que temos ensinado, eles entenderão inclusive quando as respostas forem um não.

21

Sem acusações

João 8.1-11

Esse é o trecho em que a mulher é levada pelos mestres da lei, depois de ter sido pega em adultério. Naquele momento, os fariseus estavam testando Jesus pois eles sabiam que Ele não a apedrejaria. Eles estavam preparando uma armadilha e Jesus mostrou toda sua sabedoria naquele momento, e fez com que aqueles homens pensassem, confrontando-os com a verdade.

Ele apenas disse: - Quem não tiver pecados que atire a primeira pedra. E aqueles que a acusavam foram embora, sem poder continuar com as acusações.

A reflexão que me veio ao coração hoje foi: será que temos comunicado aos nossos filhos sobre o nosso propósito. Enquanto pais, temos a missão de educar nossos filhos de maneira saudável, mas na maioria das vezes, só proferimos palavras de condenação sobre eles, e não conseguimos liberar palavras de amor e ensino.

Quantas vezes só temos apontado os erros e não temos uma comunicação como a de Jesus, para ajudar nossos filhos a pensarem.

Um exemplo que podemos colocar em prática nessa situação é o seguinte: Uma vez que estiverem diante da TV, assistindo o programa favorito, mas sem ter arrumado a cama, antes disso, faze-los pensar com a seguinte pergunta: *você tem liberdade para estar aqui assistindo TV, meu filho?* Uma simples pergunta vai fazer nossos filhos pensarem em suas atitudes.

É bem diferente de chegar gritando ou acusando, e proferindo palavras que vão impedi-los de refletirem sobre suas escolhas.

Vamos procurar palavras que nos ajudem a cumprir o nosso propósito e substituir as acusações pelos convites à reflexão, trazendo um diálogo saudável para dentro dos nossos lares e garantindo uma comunicação assertiva sobre aquilo que queremos ensinar a eles. Jesus ensinava sem acusar.

Vamos copiar as atitudes e palavras do nosso Senhor?

22

Quem é você?

João 8.12-30

Este trecho tem muitas verdades preciosas que vale a pena termos em mente e em nossos corações. O ponto chave deste trecho, para mim, é quando nos versos 25 e 26, Jesus é questionado sobre quem ele era. "E Ele responde: Exatamente o que tenho dito o tempo todo", respondeu Jesus. "Tenho muitas coisas para dizer e julgar a respeito de vocês. Pois aquele que me enviou merece confiança, e digo ao mundo aquilo que dele ouvi".

A minha pergunta para você hoje é: Quem é você? E talvez você me responda que é mãe do fulano, médica, dentista, contadora, professora, advogada, do lar.

Mas eu quero saber QUEM é você! Precisamos entender que não somos uma profissão ou uma ocupação, um título ou uma ação. Quem você é está relacionado à sua essência. Profissões e cargos são questões temporários. Sua identidade está relacionada com aquilo que é eterno.

Eu tenho visto muitas mães tristes e sobrecarregadas porque elas não sabem quem são.
E Jesus já nos deu o caminho para obter essa resposta.

Você já perguntou para Deus quem é você? Você já perguntou e ficou quietinha esperando-o responder ao seu coração? Você tem lido a palavra e meditado nela?

Eu afirmo para vocês que quando buscamos em Deus, a Fonte, descobrimos a nossa verdadeira identidade e somente quando temos nossa identidade bem estabelecida é que conseguiremos ajudar nossos filhos a conhecerem suas verdadeiras identidades.

Talvez hoje, você seja essa mãe, essa mulher que cresceu sem saber, de fato, qual era a sua verdadeira identidade.

É preciso buscar no Pai a sua identidade para poder ensinar seus filhos a buscarem também e desenvolverem o propósito que Deus tem em suas vidas.

23

Verdade que liberta

João 8.31-47

Aqui Jesus estava falando com os judeus que estavam buscando uma chance de matá-lo. Este trecho traz muitos versículos conhecidos e nesta passagem Jesus mostra-lhes que eles não acreditavam em Jesus porque não eram filhos de Deus.

Eles diziam ser filhos de Abraão mas não criam que Jesus era o filho de Deus. Jesus era a verdade, a verdade os libertaria e eles não estavam aceitando. Aqueles judeus idealizaram um salvador e quando Jesus chegou, eles não aceitaram porque o ideal deles era diferente da verdade que estava diante deles.

Trazendo esse contexto para a nossa realidade de pais e mães, como responsáveis dos nossos filhos quantas vezes nós também agimos assim, sem aceitar o novo e, assim como os judeus, idealizamos situações ideais, ou filhos ideais, e muitas vezes não nos abrimos para o novo e para a verdade de Deus para nós. Será que estamos aceitando, de fato, os nossos filhos como eles são ou estamos cheias de expectativas que vemos por aí, nos dias atuais.

Dentro de casa eu tenho um exemplo claro disso. Nosso filho mais velho é completamente diferente no modo de agir. Ele é expansivo, expressivo, alegre e cheio de criatividade. Um menino que onde chega ele mostra para o que veio, que se diferencia completamente do meu jeito de ser.

Mas o meu filho está errado? Não! Ele nasceu exatamente assim. E eu, muitas vezes, pedi cura para o Déficit de Atenção que ele tem, quando na verdade, Deus o fez dessa forma e entender que, antes de ser meu filho, ele é filho de Deus e Deus deu a ele um propósito nesta terra.

Tantas vezes agimos assim, bloqueando nossos filhos sem antes ouvir e recebe-los. E temos sido como estes judeus nas nossas casas. Nossos filhos trazem o que eles acreditam e nós contestamos e dizemos que não é certo, impedindo que eles cresçam como Deus planejou para eles, e queremos implantar neles as nossas verdades.

O versículo 43 me chocou muito quando Jesus os questiona sobre não conseguirem entender a linguagem que ele usava para falar com eles e a resposta de Jesus foi essa: *Porque são incapazes de ouvir o que eu digo.* Quantas vezes mudamos as crenças dos filhos porque somos incapazes de ouvi-los.

Meu filho mais novo é bem parecido comigo e sempre deseja contestar orientações, sempre quer fazer de um jeito diferente o que foi acertado, ele quer negociar. E quantas vezes ele me disse enquanto tentava falar comigo: mamãe, deixa eu te falar até o final.

E lendo essa passagem hoje eu lembrei disso.
Que possamos ouvir mais os nossos filhos antes de sair dando as nossas respostas. Corrigi-los sim, mostrar o caminho da verdade sempre! Mas ouvir antes de tirar nossas conclusões.

24

Quem sabe quem é, honra e obedece o Pai.

João 8.48-59

Gostaria de te incentivar a suprir os desejos dos seus filhos. E não digo suprir em bens materiais, mas precisamos suprir nossos filhos em suas necessidades emocionais: toque físico, abraço pra dormir, abraço quando acorda, para que eles sintam-se protegidos. Investir com tempo de qualidade, brincadeiras, conversas. E porque eu estou trazendo isso?

Terminando o capítulo 8 Jesus afirma novamente que sabe quem é. No verso 49 Ele diz que honra o Seu Pai, ou seja, ouve e obedece às ordens do Pai.

E o paralelo que podemos traçar hoje é que, a criança que se sente amada, com mais facilidade e segurança, ela honra e obedece aos pais.

Talvez o sentimento que esteja sobre você hoje, mãe, é de cansaço, chateação, falta de valorização. Mas eu quero trazer o que diz o verso 50 e 51: *Não estou buscando glória para mim mesmo; mas, há quem a busque e julgue. Asseguro-lhes que, se alguém guardar a minha palavra, jamais verá a morte"*.

E no 54 ele completa: *"Se glorifico a mim mesmo, a minha glória nada significa. Meu Pai, que vocês dizem ser o Deus de vocês, é quem me glorifica."*

Então, deixe Deus te glorificar. Deixe Deus te honrar e te fazer sentir valorizada. Apenas cumpra o seu propósito e pare de buscar valorização de homens.

Quando eu faço aquilo que Deus me incumbiu para fazer, eu estou honrando ao Pai que me comissionou para isso. Eu não quero brincar com eles para mostrar para ninguém como eu faço, para receber elogios, se faço isso ou aquilo, mas para obedecer a Deus e cumprir meu chamado como mãe.

25

A missão não muda

João 9.1-12

Encontramos neste trecho a história que conta a cura de um cego de nascença com saliva e terra e os discípulos questionam Jesus se o cego nasceu daquela forma por um pecado dele ou dos pais.

E muitas vezes acreditamos e somos assim também, crendo em padrões pré-estabelecidos. O padrão e a crença da época eram esses. E nós acreditamos e comparamos nossa vida com padrões já ultrapassados (na minha época era assim, no meu tempo era daquele jeito) e esquecemos de viver o hoje. Mas quem não vive o hoje perde coisas importantes e ainda corre o risco de viver frustrado.

E depois que Jesus cura este homem com saliva e terra, percebemos que Ele não tinha um padrão, mas um propósito e independente da forma que Ele usava para agir, o propósito era o mesmo. Porque eu trouxe essa reflexão com este paralelo?

A analogia que eu quero trazer é justamente essa. Muitas vezes queremos impor padrões sobre os diferentes filhos e cada um deles tem uma característica diferente e acabamos tentando tratá-los da mesma forma.

A missão que deve ser cumprida é a educação com princípios bíblicos que precisamos oferecer e colocar em prática, mas, com filhos diferentes, as maneiras de fazê-los aprender, será também diferente.

Além disso, não podemos viver uma vida de comparações com as outras mães que estão perto de nós como irmãs, primas, vizinhas, amigas, pois são realidades diferentes.

Reflita sobre essas questões hoje e tenha uma maternidade mais assertiva e mais leve.

26

O certo será sempre certo

João 9.13-34

Este texto, que traz uma desconfiança dos principais da sinagoga a respeito da cura do cego de nascença, da leitura anterior, mostra o homem que fora curado e os pais dele sendo questionados sobre a cegueira. Queriam saber se era mesmo de nascença ou se o cego poderia estar mentindo.

Mesmo depois dos pais afirmarem que o filho era cego e tinha nascido daquela forma, demonstram medo de responderem, pois, judeus que declarassem crer em Jesus, seriam expulsos das sinagogas.

Em seguida os fariseus chamam o rapaz novamente e ele afirma com veemência que foi curado por Jesus, cheio de certeza e convicção no milagre que tinha experimentado.

Pensando na nossa realidade, quantas vezes, nós pais, deixamos de lado a coisa certa a ser feita por medo de sermos julgados?

Quantas vezes deixamos de agir da forma certa por medo de desagradar outras pessoas?
Ou deixamos de fazer o que é certo por medo da opinião alheia?

A gente sabe que é o momento certo de ir embora para acalmar o filho, ou corrigi-lo como deveríamos, mas, por medo das opiniões preferimos nos calar. Vamos pensar nisso?

Jesus havia curado o filho daquele casal e mesmo assim eles não tiveram coragem de afirmar o grande milagre pelo qual o filho havia passado, e ainda deixaram o filho se responsabilizar pela resposta.

A reflexão de hoje é essa: devemos viver por princípios. E quem vive por princípios, não se importa com as opiniões alheias e mesmo que todos estejam fazendo o errado, decide fazer o que é certo. Vamos refletir e analisar essa palavra hoje e pensar quantas vezes temos agido para agradar pessoas ou situações que não condizem com o que acreditamos ser o certo.

27

Cegueira espiritual

João 9.35-41

Jesus se encontra com o cego que havia curado no início deste capítulo e explica porque Ele vem para este mundo. "Eu vim a este mundo para julgamento, a fim de que os cegos vejam e os que veem se tornem cegos".

Os fariseus questionam Jesus perguntando-lhe se considerava que eles eram cegos. E Jesus lhes responde no verso 41: "Se vocês fossem cegos, não seriam culpados de pecado; mas agora que dizem que podem ver, a culpa de vocês permanece".

E trazendo para a nossa realidade materna, nossos filhos também nascem cegos espiritualmente falando e cabe a nós, curar essa cegueira. Nós temos que temos que fazer o papel que Jesus fez: fez barro com a saliva, passou nos olhos, mandou ir se lavar na fonte.

Devemos fazer o mesmo. Ler para os filhos, ensinar o que é certo, e não são apenas leituras bíblicas, mas precisamos ensinar o que é certo e o esperado para que nossos filhos cresçam no caminho de princípios.

Depois que cumprirmos a nossa missão aqui nessa Terra, que tem começo, meio e fim, eles serão lançados, como flechas, e esperamos que eles caminhem rumo à fonte. Mas isso só vai acontecer se nós ensinarmos nossos filhos a crerem e mostrarmos a eles o caminho.

28

Ouvindo O pastor

João 10.1-21

Jesus fala nesse trecho que quem não entrar pela porta do aprisco de suas ovelhas é ladrão. Este é um ladrão. E Jesus diz que Ele é a porta. Mas o que mais me chamou a atenção, no verso 13, é que o pastor abre a porta e as ovelhas ouvem a voz dele. Ele chama as ovelhas pelo nome e elas o acompanham por onde ele for. Nós somos a representação de Cristo para as nossas crianças e, como será que estamos chamando as nossas ovelhas?

Se eu sou uma mãe omissa, represento um Deus omisso. Se autoritária, represento um Deus autoritário e sabemos que Ele não é assim. Ele deu a vida por essas ovelhas e tomou de volta, ao ressuscitar.

Vamos refletir sobre a forma como temos falado aos nossos filhos pois, mesmo em correções, precisamos encorajá-los e apresentar a eles um Deus de amor.

Ser exemplos e corrigi-los em amor e apresentar a eles um Deus de amor que nos chama pelo nome e nós o obedecemos porque sabemos que Ele cuidará de nós.

29

Experientes ou incrédulas?

João 10.22-42

Esta leitura traz a realidade de incredulidade que Jesus enfrentava naquele momento. Os judeus tinham um padrão pré-estabelecido e os judeus não aceitavam o que Ele representava. E Jesus, no verso 25 diz que suas obras falam por si e são reconhecidas por quem crer nele. Mas eles não criam porque não eram ovelhas dele.

E o paralelo com a nossa maternidade é que muitas vezes entramos em conflitos com nossos filhos porque eles falam para acreditarmos neles, pedem para que os deixemos falar até o fim, mas como temos mais experiências, achamos que o melhor jeito é sempre o nosso, e que as coisas saem melhor do nosso jeito.

Como eles não tem a vivência que nós temos, nós nem esperamos que eles resolvam nada, nem tentem algo novo e já estamos criticando, colocando empecilhos e eles são, tantas vezes, bloqueados por nós, para fazerem somente aquilo que lhes foi pedido. Limitamos até a criatividade que eles poderiam desenvolver.

Vamos refletir na palavra e trazer para a nossa realidade. Peça ao Espírito Santo para ajudá-la a discernir e colocar esses ensinamentos em prática.

30

Quem anda na luz não tem medo de tropeçar

João 11.1-16

Este é o trecho em que Jesus fica sabendo que seu amigo Lázaro estava muito doente. Jesus escuta, diz que a doença não ia ser para morte e fica mais 2 dias naquele lugar. Ele sabia que o amigo estava morto e não dormia como havia dito. (Era somente um sentido figurado pois sabia que O ressuscitaria)

Eles sabiam dos perigos que havia para Jesus, se voltasse. Ele estava sendo perseguido e poderia ser morto pelos judeus, se retornasse. Os discípulos até sugeriram para que Ele ficasse já que Lázaro estava apenas dormindo.

E na nossa vida também, não é assim? Sugerimos a nós mesmas não fazer o que é certo por ter medo de como agir, ou por preguiça, ou do que vão pensar. Ou por pensar em nós mesmas e no trabalho que teremos em educar.

Vemos o filho mais tempo do que o permitido em frente às telas, mas pelo trabalho que temos em decidir e arcar com as nossas decisões, sendo firmes em nosso posicionamento, preferimos não agir.

Os discípulos tentaram até contestar Jesus, mas Ele respondeu que quem anda na luz, não precisa ter medo de tropeçar pois a luz faz enxergar o caminho e não tropeçará, nem precisará se arrepender de nada.

Que deixemos o medo de lado, e caminhemos na Luz do nosso Senhor. Certamente, Ele nos guiará e nos fará viver os milagres que precisamos.

Por mais que você já tenha errado, lá na frente, tudo servirá para a Glória de Deus. Creia nisso.

31

Linguagem diferente, comunicação única!

João 11.17-37

Lázaro estava morto e suas duas irmãs vão se encontrar com Jesus para contar as notícias sobre a morte de seu irmão. Cada uma delas se comunicava de uma forma. Cada uma delas com um tipo de temperamento, e Jesus recebe, apesar das diferentes emoções, a mesma notícia.

As duas falavam sobre o mesmo acontecimento: a morte do irmão. É preciso que estejamos atentos a isso pois, por mais diferentes que os filhos possam ser, precisamos ter uma unidade na comunicação dentro de nossas casas.

É necessário analisar as questões e avaliar a comunicação de cada um deles, mas estabelecer um padrão de linguagem dentro do nosso lar para preencher as necessidades emocionais dos nossos filhos.

Respeitar as diferenças mas trabalhar que uma única mensagem seja entendida dentro do lar.

32

Um milagre, duas lições.

João 11.38 - 12:11

Neste trecho o que me chamou atenção foram dois pontos. O primeiro deles é que muitas vezes estamos esperando o milagre chegar, mas quando chega, não sabemos exatamente como lidar com ele.

Lázaro precisou da ajuda de algumas pessoas para tirar a pedra e ele poder sair do túmulo, mas ele precisava sair de lá. Da mesma forma, tantas vezes ficamos aguardando algo na educação dos nossos filhos, mas, tem coisas que somente nós vamos poder fazer.

Nós podemos pegar instrução, podemos pegar orientação, podemos nos dedicar e fazer muitas coisas, porém, se não tomarmos as rédeas, as coisas não acontecerão.

Como Lázaro que precisou sair do túmulo, mesmo com a pedra removida, se ele não saísse, o milagre não seria completo. Que tipo de mãe eu sou?

Na sequência do milagre, vemos Lázaro à mesa com Jesus, tendo relacionamento com o Senhor. O que eu quero dizer e questionar é: que tipo de mães temos sido? Será que somos aquelas que servem os filhos e a família o tempo todo, mas não temos tempo para desfrutar do relacionamento, tempo de comunhão? Será que temos feito de tudo por eles, mas não temos tido tempo de qualidade com aqueles a quem servimos?

Ou aquela mãe que só fica julgando, só questionando, e não encontra nada de bom no filho? Só vamos até ele para corrigir? Ou ainda a mãe que fica bajulando e não corrige os filhos como deveria.

Que possamos hoje nos perguntar e buscar em Deus a melhor versão de mãe que podemos ser, para cumprir nosso propósito e sermos mães extraordinárias. E que possamos direcionar as nossas flechas para o alvo.

Atos ou palavras?

João 12.12-19

Essa é a passagem da Entrada Triunfal em que Jesus passou montado num jumentinho e o povo gritava: Hosana, bendito o que vem em nome do Senhor. Mas os fariseus, no capítulo 19, dizem que não puderam fazer nada (contra Jesus) porque todos iam atrás do Mestre.

E isso me faz refletir que nós temos que pensar muito em como nós agimos. Qual testemunho nós temos dado porque os nossos filhos vão seguir os nossos passos. Muitas vezes estamos ensinando algo, mas a nossa realidade não é a mesma.

Será que seu discurso é coerente com a prática da sua vida? Ou, quantas vezes cobramos dos filhos que façam tarefas ou, por exemplo, leiam livros, mas, eles não nos veem fazendo isso.

Além disso, mesmo Jesus sabendo o que lhe poderia acontecer, Ele não parou no caminho. Os fariseus estavam buscando maneiras de mata-lo, mas por saber quem é, Jesus não deixou de fazer o que Ele veio fazer na terra. E é esse comportamento que precisamos despertar nos nossos filhos.

Alinhar as nossas práticas aos discursos que falamos e firmar a identidades de nossos filhos para que eles continuem a cumprir o propósito de suas vidas, como Deus determinou para cada um deles.

34

Luz para o caminho

João 12.20-36

Neste texto, Jesus começa a anunciar a sua morte e contar seus próximos passos, e encontro muitas chaves preciosas neste trecho.

Uma das coisas que eu entendo aqui é que nós, enquanto mães, na educação dos nossos filhos, precisamos trazer a luz e levar nossos filhos a fazer o que é certo, e enxergar o caminho que devem seguir.
E como trazer à luz? Como saber o que é certo?

Quantas vezes não sabemos que caminho tomar? O que devemos fazer? Quando andamos na escuridão, podemos nos perder. Mas quando trazemos todas as situações à luz, o caminho aparece diante de nós.

E sabemos que a melhor forma de trazer tudo à luz é buscando em Deus, buscando na Palavra, buscando pessoas de Deus para nos aconselhar e orientar, e estudar aquilo que vem diretamente de Deus para as nossas vidas.

Hoje é possível encontrar muitas pessoas falando de maternidade, por aí a fora. Encontramos até pessoas que não tem filhos, ensinando sobre o tema. Mas, quais são os princípios dessas pessoas. Criança vem com manual, sim, e nós precisamos ler este Manual, que é a palavra.

A tarefa de hoje é pegar um papel e escrever detalhadamente quais as coisas que você deseja para os seus filhos, onde você deseja que eles cheguem.

A partir da escrita, você vai entender os próximos passos e essa será uma grande tarefa que você deverá realizar. Mas antes de escrever, ore ao Senhor e peça que Ele oriente suas palavras para não colocar as suas expectativas, mas as d'Ele, então, obedeça ao Senhor e cumpra um a um, os pontos que você descreveu.

Dessa forma, será mais fácil conhecer o caminho e tudo que será necessário fazer para guiar seus filhos No Caminho. Este é o desafio para você hoje. Vá em frente!

35

Medo de opiniões?

João 12.36-50

Finalizando hoje o capítulo 12 deste evangelho e eu nunca tinha me dado conta desta preciosidade deste capítulo.

Nós sabemos que Isaías já tinha profetizado que muitos estariam de olhos fechados sobre a o cumprimento das Escrituras através de Jesus e no versículo 42 vemos o relato: "Ainda assim, muitos líderes dos judeus creram nele. Mas, por causa dos fariseus, não confessavam a sua fé, com medo de serem expulsos da sinagoga; pois prefeririam a aprovação dos homens do que a aprovação de Deus.".

Eu fiquei chocada com essa leitura e creio que nunca tinha lido dessa forma. Nós vivemos por aparência, tantas vezes, não é mesmo. E quantas vezes já não repreendemos nossos filhos de forma mais severa por conta do desejo da aprovação dos outros?
Quantas vezes repreendemos nossos filhos para tentar atingir outras pessoas, mas não temos coragem de dizer o que precisa por medo da falta de aprovação dos outros?

Eu fiz isso muitas vezes e confesso meu erro para vocês, e desejo que minha confissão sirva como um exemplo para te ajudar a não fazer isso.

Não se importe com o que os outros vão falar, mas aja de acordo com os princípios que você e a sua família acreditam. Não guarde o que você pensa ser o certo por medo da desaprovação dos outros.

Viva para Deus, por Ele e não para agradar pessoas.

36

A bacia e a toalha
João 13.1-17

Iniciamos este capítulo hoje, e ele traz de uma passagem muito especial e que faz parte da minha vida profissional pois eu me lembro do dia em que eu assumi a coordenação da escola e meu chefe, na época, me colocou sentada na minha nova mesa, diante dele e me disse:

- Você não é coordenadora. Você está coordenadora! E eu quero que enquanto você estiver sentada nesta cadeira, lembre-se de Jesus nesta passagem com a bacia e a toalha nas mãos. A bacia representa o seu serviço aos pais e professores que contam com o seu trabalho, mas vai se lembrar da toalha para acolher cada sentimento depois de cada serviço. Vai servi-las e vai acolhe-las.

E esse ensinamento eu carrego para a minha vida toda, e entendo que cada pessoa que Deus coloca na minha vida, vem para que eu sirva e acolha. Mas, lendo esse texto e pensando nos princípios, entendemos que a família precisa ser o lugar do nosso primeiro "lava-pés", mas antes, eu servia e acolhia a todos que chegavam a mim, lá fora, mas não tinha tempo para lavar os pés dos de casa.

Se pensarmos, de forma humana, hoje eu sirvo a minha casa em tudo. Eu cozinho, cuido da casa, dos filhos, do marido, lavo, passo e não me sinto sobrecarregada. Antes eu tinha até ajudante, minha sogra cozinhava para mim e eu estava sempre cansada, exausta, mas eu não lavava os pés dos de dentro de casa.

Os pés de quem nós temos escolhido lavar primeiro? Lavar os pés é servir fisicamente, emocionalmente e espiritualmente. Fisicamente quando eu sirvo e cuido da saúde, oferecendo alimentos saudáveis, em horários adequados, cuidando do corpo.

Servimos emocionalmente tendo tempo de qualidade com nossa família, brincando com os filhos, conversando com o meu esposo. E espiritualmente, servimos nossa família ensinando e compartilhando da palavra todos os dias.

O acolhimento acontece todas as vezes que recebemos nossos filhos e familiares, um abraço, um aconchego. E, quando servimos e acolhemos os nossos, passamos a fazer o mesmo a todos que vem a nós. Quais pés você tem lavado primeiro? Os de dentro ou os de fora? Priorize a sua casa e, mesmo que você não fique em casa o dia todo, o tempo que você tiver com eles, faça com Corpo, Alma e Espírito.

37

Conhecidos por Ele

João 13.18-30

Esta é a passagem em que Jesus estava ceando com os discípulos e Ele fala que um deles o trairia. E Ele fala que não seriam todos traidores pois Ele conhecia os que havia escolhido.

A pergunta para nós hoje é: Você conhece todos os seus filhos? Sabe quais as necessidades deles? Sabe tudo que eles precisam?

Eu afirmo que não sei tudo o que eles precisam, mas Deus me ama tanto que me deu 2 filhos diferentes e a diferença entre eles me ajudou a lidar justamente com as necessidades de cada um, com os temperamentos diferentes e atitudes desafiadoras de cada idade.

Se a resposta para a pergunta acima é não, peça a Deus que te ajude a entender o coração dos seus filhos. A conexão entre vocês será o melhor caminho para que você conheça as características dos seus filhos.

Se são pequenos ainda, uma ótima estratégia é o brincar. Brinque com eles. Entre no mundo deles e se conecte. Se já são crescidos, uma boa conversa, sem julgamentos, mas para conhece-los, "jogar conversa fora", olho no olho, e entender o mundo particular de cada um.

Faça isso todos os dias. Tempo de qualidade com cada um deles será o diferencial que vai fazer com que você e eles estejam cada dia mais unidos e isso, te ajudará a conhecer o coração deles. Essa será a melhor maneira de se conectar com eles.

38

Um novo mandamento
João 13.31-38

Neste trecho Jesus explica que dentro em breve estaria distante dos discípulos, mas deu-lhes instruções sobre como deveriam se comportar e nos versículos 34 e 35 o Senhor explica que estava deixando um novo mandamento sobre amar uns aos outros e quando fizessem isso, todos saberiam que eram discípulos de Jesus.

Quando amamos o próximo, refletimos Cristo, mas, amar os de casa é muito fácil, isso é natural. Em casa, apesar de amarmos a todos, independente de problemas, todos nos conhecem. Dentro de casa as máscaras caem.

Se amarmos o próximo, dentro das nossas casas e mostrarmos aos filhos o bom exemplo de compreensão, empatia, respeito e amor genuíno de Cristo, ensinaremos a como obedecer ao mandamento de Jesus e todos saberão que somos Seus discípulos.

Como você tem demonstrado
amor ao próximo dentro de sua casa?
Pense nisso, hoje!

39

Creia!

João 14.1-14

"Não se perturbe o coração de vocês. Creiam em Deus; creiam também em mim". Este primeiro versículo já é a chave de hoje.

Não sei quais suas dúvidas, angústias ou suas dificuldades, mas, não viva por circunstâncias. Creia em Deus! Creia em Jesus!

O começo deste capítulo fala sobre "não se perturbar" porque somos nós as responsáveis por tudo o que toma o nosso coração, então não permita que perturbações te façam deixar de crer no Pai.

Creia! Creia que seu filho vai estar diferente! Creia na transformação da sua realidade! Creia que seu esposo estará cada dia mais participante na criação dos filhos. Mas, creia primeiro em Deus e em Jesus Cristo, e você conseguirá alcançar a paz no seu coração.

Conselheiro bem presente.

João 14.15-31

Hoje, a passagem que lemos fala sobre o Espirito Santos, o Conselheiro e nós, muitas vezes, não sabemos o que fazer, o que precisamos fazer. E nosso papel, como pais, é buscar a direção que Ele, o nosso Conselheiro, nos dará.

Criança vem com Manual, sim, basta ler o manual e colocar em prática e meu desafio para hoje é para que você peça ao Espírito Santo para te direcionar e ensinar o caminho que você deve trilhar.

Quando uma situação delicada, seja birra ou qualquer outro desafio do seu dia, acontecer, peça ao Conselheiro e Ele te direcionará ao melhor caminho para você e sua família.

A videira verdadeira e nós, seus ramos

João 15.1-17

Neste trecho da palavra, Jesus diz que Ele é a videira e nós devemos estar n'Ele para estar no Pai. Para a videira que não está dando frutos, a consequência é ser cortada e a videira que dá frutos, passa pelas podas para que dê mais e mais frutos.

Trazendo e adaptando este texto para a nossa maternidade, quero te perguntar algo sobre essa palavra: quais tem sido os frutos da sua maternidade?

Quantas vezes sentimos que não temos dado frutos como gostaríamos. Muitas vezes nos sentimos sobrecarregadas, parece que nossa vida é viver "andando atrás dos filhos" e não sabemos se temos feito o que é certo.

A única forma de saber se temos dado frutos é ter convicção de que estamos ligadas a Ele. Esteja ligada à videira, e espere no Senhor.

Talvez seja esse um tempo de podas que você tem passado, mas, logo vai florescer e você viverá e colherá todos os frutos e vai usufruir de bençãos que você nem imaginava. Permaneça firme na videira!

42

Perseguidas, mas não atemorizadas

João 15.18 - 16.4

Nestes versículos, Jesus estava alertando os discípulos e disse a eles que Ele iria embora e, os avisou que seriam perseguidos por causa de Jesus.

Meditando nesta palavra pude traçar um paralelo com a perseguição que Jesus sofria por causa do nome de Deus. E muitas vezes você será julgada e até perseguida por fazer o que é certo.

Quando estamos firmadas na videira, podemos saber que estamos fazendo o que é certo e nossos frutos vão condizer com a videira da qual fazemos parte.

Se você tem tido dificuldades, "não se perturbe o seu coração" e não compare o seu resultado com os resultados de outras pessoas. Assim como a gente tem mania de olhar os frutos pela embalagem, mas só quem prova do fruto é que sabe se é realmente um bom fruto, não compare sua vida à de ninguém.

Se você estiver ligada à fonte de vida que é Jesus, não há porque temer as perseguições. Dessa forma, você terá ainda mais chances de viver uma maternidade mais assertiva, cheia de colheitas maravilhosas.

43

Tenha bom ânimo, Ele venceu!

João 16.5-33

Este capítulo fala sobre a obra do Espírito Santo que seria o Consolador deixado por Jesus no momento de sua subida aos céus.

Jesus fala da obra do Espírito Santo e é Ele que nos convence do pecado, da justiça e do juízo. E independente do que você está passando, leve para Ele e será convencida, justificada e corrigida, de acordo com as necessidades que o Espírito Santo julgar necessárias.

A continuação deste trecho mostra que os discípulos entenderam, enfim, o que Jesus dizia. Do versículo 17 ao 33, o subtítulo da minha Bíblia diz assim: a tristeza dos discípulos será transformada em alegria. A conclusão que podemos chegar é que, independente do que temos sentido, tristezas, angústias, a situação atual do mundo. Eu não sei qual a dificuldade que te aflige hoje, mas, a bíblia diz que toda tristeza dos seguidores de Cristo seria transformada em alegria.

No versículo 23 diz que se pedirmos em nome de Jesus e levarmos nossas petições a Deus, Ele transformará toda tristeza em alegria. Além disso, para que cumpramos o nosso propósito, precisamos renovar o nosso ânimo.

O Último versículo deste capítulo (v.33) diz: "no mundo tereis aflições, mas tende bom ânimo, eu venci o mundo". Assim, precisamos levar todas as coisas a Deus, pedir em nome de Jesus e ter nosso ânimo renovado a cada dia.

44

Santificadas
João 17

Este capítulo é muito lindo e eu quero te convidar para ler o verso 20, será o exercício de hoje. Você sabia que quando Jesus estava se preparando para ir para a cruz, Ele orou por mim e por você.
Mas a palavra de hoje está no verso 17. João 17:17 diz assim: "Santifica-os na verdade; a tua palavra é a verdade".

Jesus já nos deixou a solução para os nossos problemas e, santificar é ser separado. E quando nós nos santificamos na palavra, na verdade, é possível entender que independente de qual seja sua dificuldade hoje, em relação aos seus filhos, a resposta está na verdade, na palavra. Coloque isso em prática hoje.

Talvez o problema que você tem enfrentado seja desobediência, brigas, desentendimentos entre irmãos, mentiras, enfim, busque o que a palavra diz sobre cada uma dessas situações e você terá acesso à resposta que você busca. Busque na verdade que é a palavra.

45

Traição? E agora?

João 18.1-18

Neste capítulo mostra o momento da prisão de Jesus, que havia acabado de ser traído. E o traidor era um daqueles que convivia com Jesus. Judas assentava-se à mesa com Jesus. O Senhor tinha comunhão com ele e o chamou de amigo até o fim. Mas a bíblia diz que isso aconteceu para que se cumprissem as escrituras.

Se pararmos para pensar, só há traição quando é alguém de nossa confiança e convívio íntimo.

Pode ser que hoje você esteja se sentindo traída pelo seu filho, principalmente se forem adolescentes que tem um mundo particular, porém, muitas vezes não é possível acessar o mundo particular deles uma vez que, se falta confiança nos pais, não há abertura desse mundo particular. E muitas vezes não há confiança nos pais pois nós temos traído nossos filhos, muitas vezes só julgando e mostrando os problemas. Isso mina a confiança deles e o desejo de se relacionar.

Se seu filho ainda é pequeno pode até me questionar, mas talvez você esteja se sentindo traída pois ele "toma todo o seu tempo", ou "rouba" toda a sua atenção, não deixando que você tenha tempo e disposição para mais nada.

Na verdade, o que nós precisamos é decidir ter um relacionamento profundo com o Pai, Filho e Espírito Santo para que estejamos satisfeitas n'Ele e fortalecidas, poderemos nos relacionar com nossos filhos sem cobrar nada deles e confiar nos filhos sem esperar o primeiro passo da parte deles.

46

Seus filhos sabem quem são?

João 18.15-27

Este é o momento em que relata a negação de Pedro. Jesus havia dito a Pedro que ele o negaria e isso acontece, de fato. Pedro nega a Jesus 3 vezes. Mas, e nós se estivéssemos lá, o que faríamos?

O discípulo que havia acabado de ver Jesus sendo preso, o viu levando um tapa no rosto, sentiu medo. O medo de ser preso, de ser morto, fez com que Pedro dissesse que ele não era quem era. E apesar de saber a sua identidade de cristão, Pedro teve ali uma crise de identidade que o levou a negar Jesus.

Mais a frente, nos outros livros do Novo Testamento, é possível ver que Pedro cumpriu seu propósito e não houve mais negação. Porém, a minha pergunta para você é: Será que nós, mães, temos investido na identidade dos nossos filhos? Será que estamos ajudando nossos filhos a serem quem eles nasceram para ser? Estamos facilitando a realização do Propósito de Deus para a vida deles? Ou será que temos tentado impor a nossa realidade na vida deles?

Existe uma preocupação latente no meu coração quanto ao que muitas de nós tem feito. Muitas preocupações sobre como preparar nossos filhos para a vida futura e nos esquecemos de preparar nossos filhos para o que Deus os chamou para fazerem.

Quando eu sei quem eu sou, eu sei exatamente o que preciso fazer e, quando eu faço o que preciso fazer, eu tenho aquilo que Deus quer que eu tenha. O problema é que muitas vezes temos invertido a pirâmide querendo filhos desse ou daquele jeito.

Queremos que eles tenham sucesso, tenham isso ou aquilo, mas nossos filhos não terão nada se eles não souberem a sua verdadeira identidade.

Então, antes de pensar nos filhos, a minha pergunta para você hoje é: você sabe quem você é? O que Deus te chamou para ser e fazer? E quanto aos filhos, você já buscou em Deus para saber quem eles são e o propósito do Senhor para a vida deles?

Pense nisso hoje. Não interfira na identidade dos seus filhos. Deixe que sejam quem Deus os chamou para ser. Que façam o que Deus deseja que eles façam e o Senhor dará aos seus filhos tudo que eles precisarem para realizar e cumprir esse propósito na terra.

47

Jesus é o centro!

João 18.28-40

Este é o momento que Jesus está diante de Pilatos e não se encontra nenhuma condenação nele e no final, Jesus foi trocado por Barrabás, ou seja, ele passou por uma injustiça, tendo sido trocado por um bandido.

E isso não acontece conosco, mães, também? Quantas vezes nos sentimos trocadas também, injustiçadas. Aquele sentimento de sermos só nós que fazemos tudo. Sentimentos de injustiça. Mas Jesus, que era perfeito e foi trocado e injustiçado.

No dia de hoje, decida por não ser mais a vítima, ou desvalorizada, injustiçada. Seja protagonista da sua própria vida e pare de se martirizar, achando que tudo é culpa sua.

Busque na sua vida se há algum engano, alguma mentira que seu coração tem acreditado e decida viver e realizar o seu propósito de vida, calando as mentiras que você pode estar acreditando.

Não deixe seu filho ser o centro das atenções. Viva e entenda que sua prioridade deve ser Cristo e o mais Ele vai acrescentar.

# 48

Vida que agrada a Deus

João 19.1-16

Nessa parte do capítulo Jesus está prestes a ser condenado e Pilatos reafirma que não havia acusações contra aquele justo e não havia motivos para ser condenado.

E quando ele fala isso para os sacerdotes e a multidão, eles falaram sobre Jesus, dizendo o que eles pensavam sobre Jesus. Então, Pilatos, abrindo mão de todos os seus valores e princípios, decidiu agradar a multidão ao invés de fazer aquilo que deveria fazer.

Quem conhece o meu testemunho de vida sabe que eu já tentei, algumas vezes, mudar a identidade do meu filho por medo do que os outros pensariam a meu respeito e a respeito do meu filho.

Essa é a reflexão que eu quero te convidar a fazer hoje: como tem sido a sua maternidade? Você tem vivido para criar os seus filhos para agradar os outros ou para agradar a Deus?

Preste muita atenção no modo como você tem educado os seus filhos e pense em qual sentimento tem movido suas atitudes. Agrade a Deus e seja exatamente aquilo que Ele te chamou para ser.

49

Pressões externas

João 19.17-37

Este momento fala sobre a crucificação de Jesus e lembrando do que tinha acontecido com Pilatos, fica muito claro que ele estava inquieto pois acabou decidindo por algo que não era o correto, mas, fez para agradar os sacerdotes e o povo.

E neste trecho, quando Pilatos manda colocar a placa "Rei dos Judeus" e, os sacerdotes ficam irritados com isso, Pilatos antes contrariado, agora afirma: o que está escrito, está!

Ele estava certo de sua decisão e nada mudaria isso. A placa demonstrou o que, para ele, era realmente a verdade.

Enquanto mães, muitas vezes erramos e não sabemos exatamente o que precisamos fazer, mas, se buscarmos viver uma vida que agrada a Deus, e ouvirmos a voz do Espírito Santo que a todo momento nos alerta, não precisaremos tomar decisões pressionadas ou contrariadas.

Tomar decisões com inquietude no coração pode trazer muitos prejuízos futuros, mas, com o apoio do Espírito Santo é sempre possível ser mais assertivas nas decisões. Leve até Ele as suas questões e peça orientação do Consolador.

50

Medo que paralisa

João 19.38-42

Este é o momento do sepultamento de Jesus. José de Arimateia era um discípulo secreto de Jesus que, segundo a palavra, tinha medo dos judeus e por isso, seguia a Cristo de forma secreta.

Entretanto, depois de ver o Senhor Jesus crucificado, vai até Pilatos e pede o corpo de Jesus para ser preparado (com óleos aromáticos e tecidos especiais) para o sepultamento no túmulo que era do seguidor secreto, José de Arimateia.

Quantas vezes temos medo e um medo que nos paralisa? Este não é um medo comum como de um inseto ou algo do tipo, mas um medo que é antagônico ao amor. É o medo que nos impede de agir da forma correta.

Tantas vezes, o medo de perder faz com que sufoquemos nossos filhos e não permitimos que eles se desenvolvam e cresçam capacitados para ser e realizar o propósito de suas vidas.

Muitas mães, por exemplo, não deixam seus filhos andarem de bicicleta por medo de caírem e se machucarem e esta é uma atividade tão importante para o desenvolvimento motor e cognitivo dos nossos filhos.

Então quero deixar algo para você colocar em prática. Faça uma lista dos medos que você tem em relação aos seus filhos e passe a ressignificar cada um deles. Por exemplo: Eu tenho medo que meu filho morra!

Neste momento, você preenche este medo com a palavra e começa a ter a certeza, a partir das promessas de Deus, que seu filho não é seu! Ele é uma herança que Deus te deu, mas os filhos são do Senhor.

Elenque seus medos e substitua cada um deles pelo que a palavra diz. Medo de doenças, solidão, morte, abandono, medo de falhar como mãe. De que forma você pode substituir cada um desses medos com o que a bíblia diz sobre isso, e fazer exatamente o que Deus te chamou para fazer?

Não tenha medo! Antes, tenha certeza que você é a melhor mãe que seus filhos poderiam ter.

51

Aquiete e perceba

João 20.1-18

Leiam este trecho e percebam os detalhes que nós não podemos deixar passar pois, são muito maravilhosos. Mas hoje eu quero dividir com vocês, o momento em que Pedro e João foram correndo no local do sepultamento. Eles não tinham se dado conta ainda, da ressurreição.

Maria Madalena chega na cena e começa a chorar também pois não sabia o que havia acontecido com o Mestre. Maria vê dois anjos e depois ainda vê Jesus.

Existe uma diferença entre a postura de Pedro e João e a postura de Maria. Maria chorava calada e conseguiu perceber a presença de seres celestiais enquanto que os discípulos estavam correndo e não se deram conta do que houve naquele local.

Aquiete sua alma e perceba a presença do Senhor. Escolha um horário ideal, um local adequado e confortável, sem distrações e quem sabe até coloque um louvor. Silencie e fique ali, quietinha ouvindo e percebendo a presença do Pai.

E não se esqueça de ler os versículos acima (João 20:1 a 18) e ter as suas percepções a respeito do texto.

52

Jesus chega e traz paz

João 20.19-31

Jesus chega onde os discípulos estão e leva paz. "Paz seja com vocês"! O que é a paz? Engana-se quem pensa que paz é ausência de problemas pois paz, é ter a tranquilidade para fazer o que precisa ser feito e há muitos lares onde não há paz.

Mas para se ter um lar, é preciso ter paz e amor. Do contrário, será apenas um lugar onde todos moram, mas nunca um lar. Será uma casa para dormir e comer, mas jamais será um lar.

Nosso papel é proporcionar um lar de paz e amor para que nossos filhos sejam seguros e possam crescer com todas as necessidades emocionais supridas.

Para ter filhos saudáveis emocionalmente, é preciso antes de tudo, um ambiente cheio de pa z e amor. Muitos pais, ao invés de instruir, tem medo de agir e não vivem a paz nem proporcionam paz aos filhos. Acabam não construindo um verdadeiro e necessário lar para seus filhos.

Que essa palavra possa entrar em seus corações e que possamos focar nisso. Levar paz para as nossas famílias, filhos e cônjuges, e para os nossos lares.

53

Ele preparou uma mesa para nós

João 21.1-14

Esta é a terceira vez que Jesus aparece para os discípulos após a ressurreição e nesse momento, é retratada a Pesca Maravilhosa. Aquele momento em que os discípulos haviam passado toda a noite e, sem pescar nada, já estavam recolhendo as redes quando, um homem (Jesus) ainda desconhecido deles pois não o reconheceram, mandou que jogassem do outro lado que encontrariam peixes. Ao saírem do mar, a bíblia diz que Jesus havia preparado uma refeição para eles. Peixes e pão.

Talvez hoje, você esteja sobrecarregada, correndo de um lado para outro para resolver tantas coisas sem sucesso, angustiadas. Não vemos resultados dos nossos esforços e isso vai nos deixando tristes e angustiados.

Mas quando Jesus chega, Ele prepara tudo. E aqui, diz que Ele preparou uma mesa para os discípulos. E porque mesa? Porque na mesa é lugar de comunhão, de restauração, lugar de relacionamento.

Eu tenho uma tarefa para você hoje e daqui para frente. Faça, à mesa e com sua família, o máximo de refeições que você puder. Prepare com amor, sirva os seus e viva o momento da mesa como um tempo que Jesus preparou para vocês desfrutarem.

Não se preocupe se será uma refeição simples. Pense em como servir seu cônjuge e filhos da melhor forma possível, fazendo com que se sintam amados por você.

54

Deus te ama apesar do que você faz!

João 21.15-25

Finalizamos o Evangelho de João e que coisa linda Jesus fez no final deste livro.

Pedro havia negado Jesus 3 vezes antes da crucificação, e agora Jesus pergunta 3 vezes para ele: - Pedro, tu me amas? E a resposta de Pedro foi sim e nesse momento, Jesus trouxe restauração para fazer aquilo que precisava fazer.

Pedro foi chamado para edificar a igreja de Jesus na terra e ele já tinha uma promessa, mas devido aos erros do passado, Pedro precisou ter sua identidade restaurada para enfim, conseguir cumpri o seu propósito.

O que fazemos não determina quem somos pois Jesus trouxe, novamente, ao coração de Pedro, a certeza de que havia um plano para ele realizar, mas por ter negado a Jesus, sua identidade estava comprometida.

Deus te ama com amor ágape, um amor que é incondicional. Que te ama independente daquilo que você faz ou fez. Ele nos ama independente do que fazemos e quando temos essa certeza de quem somos, conseguimos fazer aquilo que Deus deseja para nós.

Quantas culpas carregamos desnecessariamente e muitas vezes não conseguimos seguir em frente com os planos de Deus para nós. Não importa se você errou ou fez algo que não deveria. Corra para Jesus e permita que Ele restaure sua identidade de mãe.

Lembre-se que você é a melhor mãe que seus filhos podem ter! Que você experimente de toda a restauração que Jesus pode fazer em sua vida.

Graciosa Mãe

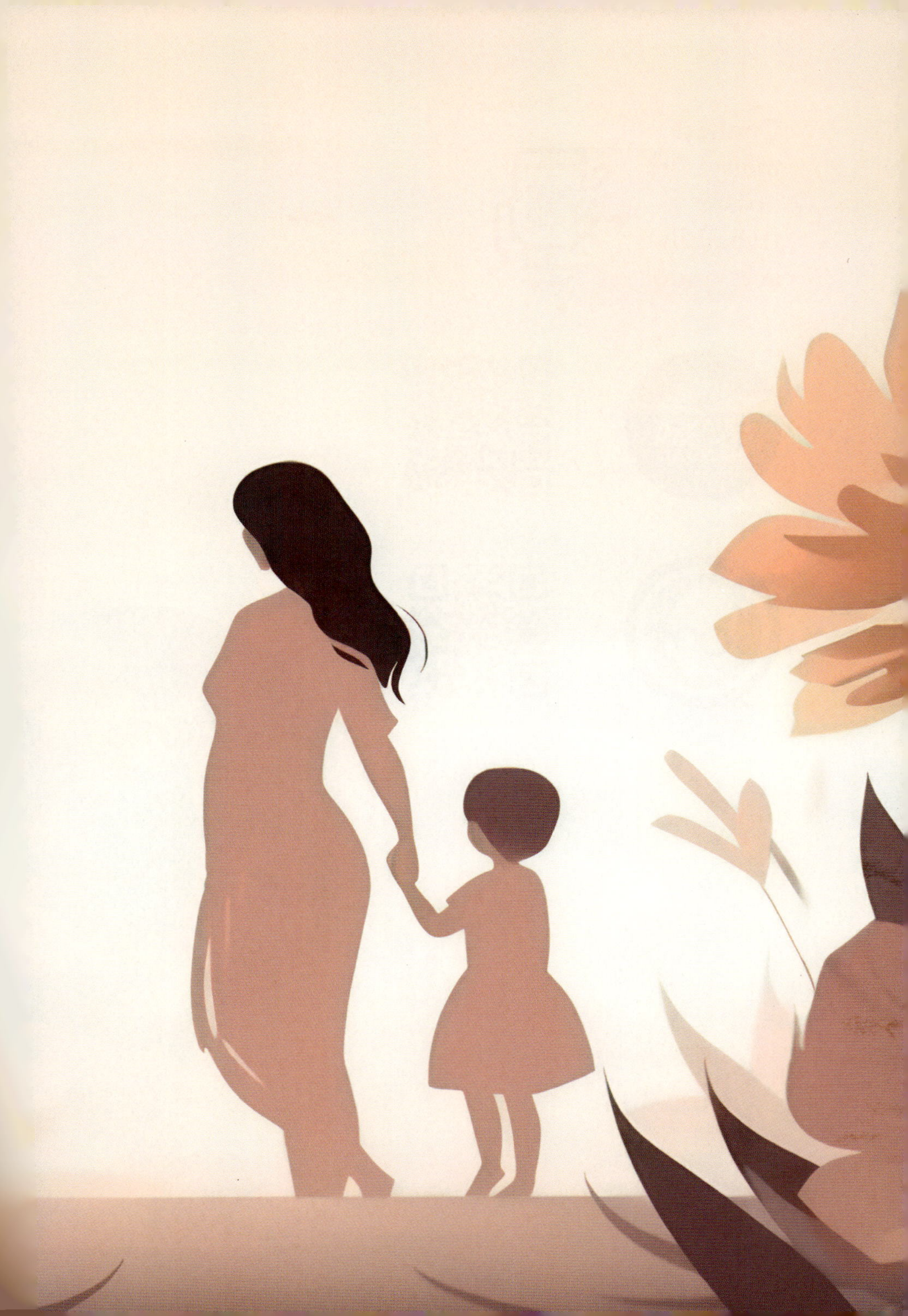

Conheça mais sobre nossos trabalhos acessando: